ULTRALUZ

ULTRALUZ

Ledicia Costas

ESPASA ES POESÍA

ESPASAesPOESÍA

Espasa, sello editorial
de Editorial Planeta, S. A.

Título original en gallego, *Ultraluz*
Versión en castellano de la autora

Primera edición: octubre de 2024

Preimpresión: MT Color & Diseño, S. L.

Depósito legal: B. 14.196-2024
ISBN: 978-84-670-7370-6

Espasa, en su deseo de mejorar sus publicaciones, agradecerá
cualquier sugerencia que los lectores hagan al departamento
editorial por correo electrónico: sugerencias@espasa.es

www.espasa.com
www.planetadelibros.com

Impreso en España / *Printed in Spain*
Impresión: Liberduplex

Editorial Planeta, S. A.
Avda. Diagonal, 662-664
08034 Barcelona

Seguir viviendo consistía en dejar ir todo. Mi familia estaba muy ocupada matándose a trabajar como para reparar en mi decadencia. Cuando se hizo muy obvia ya fue tarde para intervenirla y se me había hecho piel.

De *La mala costumbre*, de Alana S. Portero

He venido a ver la escultura llamada El silencio eterno *porque dicen los chavales del* uptown *que si te atreves a mirar a la cara al tipo de la capa, sin pestañear y durante un buen rato, puedes llegar a ver tu propia muerte y yo esperaba que mi muerte ¡sería provocada por el mordisco de un monstruo!*

De *Lo que más me gustan son los monstruos*, de Emil Ferris

Pero no fui ningún fantasma:
respiré y comí,
di pasos que se oían
y las huellas de mis dedos
tuvieron que haber quedado en las puertas.

De *Fin y principio*, de Wislawa Szymborska

episodio primero

Coger del alfiletero la aguja más gruesa. Vertebrar una costura para que el corazón no se deshilache. Zurcirlo con punto de cruz. Dibujar gotas, estrellas y cráteres.

También las paredes de los cuartos de los recién nacidos están llenas de bordados que asustan hasta a los monstruos de la infancia. Las paredes de los recién nacidos son sangre y gritos y cuentos de invierno. Y siempre nieva, porque en la blancura reside el drama, pero también las horas de felicidad más elástica.

Hace un siglo todo era de verdad. Desde los volantes de los vestidos hasta la crueldad de las ortigas que me mordían las piernas. Y las mañanas de sábado, trazando el episodio primero de todo lo que vendría más tarde.

Las vísceras me observan desde la vitrina. Y yo a ellas. Imagino que me devoran y luego escupen las coletas. Las gomas del pelo son tan indigestas como el insulto de un niño.

Recogemos la sabiduría de nuestra estirpe. Somos telépatas, prestidigitadoras, cazarrecompensas. Por eso todos estos versos. La poesía es un estigma voraz. Aquí está.

Un día abrí los ojos delante de un espejo,
había tres pespuntes cruzándome la frente en
[horizontal.

Nunca había reparado y llevaban milenios ahí, en
[silencio,
escarbando en cada respiración una medida
[imperceptible de piel.

Todos los bosques que has transitado caben en una
[exhalación,
todas las playas son la misma playa
y tú una réplica de las dos edades.

Un día abrí los ojos delante de un espejo
como cuando encontraba huevos de dragón en los
[días de niebla.

Vi un zorro peinando la cola con un cepillo de nácar
su mirada era un grito estridente,
quise abrazarlo

él tan solo ansiaba apuñalarme,
lo supe tan solo con mirarlo.

Que de obligarme a escoger entre las costuras y el
[animal
yo siempre escogería Oz,
no me interesa especialmente ser adulta ni inflarme,
el nivel de saturación del helio es insoportable.

Y no creerás esto:
fuera cantaban las alimañas desde un hoyo oscuro
conspirando para consumar el asesinato.

A veces pienso en aquel lugar y no sé si todo fue un
[sueño,
las paredes estaban invadidas por la hiedra
y cada uno de los brazos verdes tenía una doble
[intención:
enroscarse en tu cuello hasta estrangularte
o enroscarse en tu cabello para que arraigasen flores
[únicas.

Siempre a caballo entre la fantasía y la muerte,
pero jamás la desgana.

Lo importante es que allí dentro
sucedían cosas que duraban más de un instante
y podías habitar la verdad,
como el alce con nieve en la cornamenta
y una lágrima congelada en la mejilla.
Galopaba en círculos y círculos sobre el café de la taza,
buscando una libertad imposible.

O aquel hombre,
no era humano y arrastraba circuitos eléctricos
como quien va plantando ideas
en aquellos puntos donde la tierra es literatura.

La cabina telefónica tenía la mala costumbre de
[tragarse las monedas
como un espíritu fabricante de oro sin cara,
y tú te metías una carpa en la boca
con el empeño de lograr que las escamas fuesen
[estrellas en ese cielo.

Ni una sola noche más sin luz, repetías,
por eso yo siempre quería volver,
y todavía hoy.

Las risas y gritos infantiles huyen del patio,
cruzan la calle,
sobrevuelan los vehículos,
esquivan todo lo que encuentran en el camino
y acaban pidiéndome explicaciones
mientras yo observo en silencio con cara de sepulcro.

Ese altar que es la infancia,
tiene esporas estambres y estramonio en la dosis exacta
para que vomites y sobrevivas.

Es una fantasía que te salgan antenas y alas irisadas
cuando recuerdas la tristeza de la emperatriz,
pero sucede.

Sucede también
que quieres escribir la historia de tus propios delirios,
todo aquello que sucedió cuando medías ciento veinte
[centímetros
porque tienes derecho a todas las réplicas,
a narrar los desastres

a cometer tus propios asesinatos.

Tanto como a no perder la fe.

No me gusta que la muerte ronde la casa familiar

chillan las flores en el pasillo
y pienso en un pescado abierto al medio,
estirado como un murciélago
con la espina pegada a la carne.

Es una forma extraña de tatuarse la destrucción,
a veces veo víboras y *azotamentes*,
ese olor a mar cosido en las puntas de los dedos,
el cuerpo de una vieja colgado de un árbol.

Una nana llega transportada por la misma brisa
que mece el cadáver adelante y atrás, adelante y
[atrás, adelante y atrás
como en un balancín.

Ojalá poder vaciarme debajo de la cama
o triturar los monstruos en una picadora,
tragaría cada bola de polvo
si así prendiesen dos plantas de algodón

(una en cada bronquio),
si así dejase de sonar ese órgano.

Que cesen los salmos,
por favor, que cesen los salmos.

Era esa época en que la helada presidía el mundo
y siempre invierno.

Se congelaba la noche,
se congelaban las marcas de las lágrimas en la tierra,
se congelaban las aves en un cielo de esmalte delicado
[y febril.

Había muchos rostros albinos
los agujeros, las larvas.
Un insulto tanto frío
y tan pocos lugares donde establecerse sin riesgo de
[inanición
o a ese castigo que se enquista entre las vértebras.

Para que no olvides que el frío es Dios
y tú no sabes rezar,
tan sólo perseguir las bolas de polvo y tragártelas de
[una en una,
de una en una.

Tu hálito tiene los matices de una casa abandonada.

Adoro los campos cuando nadie corta la hierba,
la brisa peina esa melena y tengo la visión de una
[locomotora
escucho el trino de un bebé pájaro
y el llanto desconsolado de un hombre de paja.

Existen animales que solo he visto en fotografías o
[sueños.
Ojalá una comadreja trazando ondas con su lomo,
ojalá un ave blanquísima convocando todos los
[espectros.

Desde este lugar privilegiado
podría prender diamantes en el vientre de una
[luciérnaga
y hacer magia para ti,
para ti, paratí, paratiparatí.

Tal vez esta postal sea perpetua.

Tengo una réplica diminuta,
vive dentro pero siempre acaba saliendo,
atraviesa mi esternón,
me perfora el pecho con la cabeza y anuncia:
«Ya estoy aquí».

Se cuelga de las piernas
y me observa colgada del revés
como el cadáver de una vaca.

Si digo una mentira me lanza un dardo,
si se me escapa una lágrima se disfraza de antílope
y respira muy cerca,
siento cómo infla y desinfla el vientre,
ese momento de calma debería ser eterno.

Cuento las motas de su cuerpo,
la llamo mutación genética y farsante
rompemos a reír.

Cuando no puede más se acurruca contra la pared
y empieza a temblar,
yo quiero abrazarla, ella se vuelve humo.

Abro la boca y vuelan nubes con formas de
[animales
aunque no todos son de este mundo
ni todos son pacíficos
ni todos están en paz.

Acepto la pérdida, la ruptura, la partida,
acepto la necesidad de huir
pero pido que regrese una vez más.
Solo una.

Un incendio alcanza su estado de gracia
cuando consigue que la tierra escupa ceniza
como el agua que vuela del espiráculo de una ballena.

Me pregunto hacia dónde huyen las criaturas que
[sobreviven
si sufren paros cardíacos,
si tienen lágrimas,
si padecen depresión.

Caminar por un bosque quemado
es domesticar el dolor;
las raíces de los árboles centenarios se aferran al vacío,
ahora son aéreas y no lo saben.

Meto las manos en este poema y agarro las brasas,
el horizonte está calcinado,
es inevitable pensar en el año sin verano,
en aquel corazón tan brillante envuelto en papel de
[periódico,
en la necrológica del día siguiente.

Todo es negro como los ojos de un pájaro inmóvil,
presa del terror,
negro como las campanadas que anuncian la muerte.

Un cuervo hace *tap tap tap* con las patitas en la tierra.
Ignora que ahí abajo hay una fosa común.

¿Quién rezará por ellos?

Puedes postrarte a los pies del manzano
y pegar tu rostro hasta que consigas oír
el pulso subterráneo.

Hay tanta vida ahí abajo como en un cuento de
[Beatrix Potter;
querría reptar por esos túneles,
llamarme Avellana o Almendra
y tener las orejas blancas,
nutrirme de fruta e insectos e hibernar
hasta el final de la glaciación.

Ahí abajo el mundo se desdobla como en un espejo,
cada túnel oscuro es una entrada
al País de Ultraluz.

Qué espectáculo contemplar
las escenas de este teatro:
están los ponis que abandonaron los carruseles,
un oso que hace malabares con pelotas de colores,
un bebé elefante.

Todo eso puedes ver si cierras los ojos,
cuando los abres el País de Ultraluz desaparece,
cae el telón
y todo vuelve a ser negro

maldigo los ojos de pájaro.

Este insecto es una ofrenda
míralo bien: brilla como estrellas de mentira.

Atravesarlo con un alfiler sería un sacrificio cruel
y resulta que los museos de historia natural
están llenos de catálogos de cadáveres
atravesados sin pena.

¿Cómo será un corazón disecado?
¿Y la sonrisa de una madre?
Ojalá una réplica eterna.

En el último sueño había ojos observándome
desde la grieta de un árbol,
los pespuntes de la corteza
eran costra o herida o una sequía
o quiero gritar bajo la tormenta.

Que se precipiten las ballenas en el cielo
y caigan las estrellas en picado,
pero que no te rocen.

interludio I

En Ultraluz habitan mujeres voladoras. Tienen raíces
[de árbol en flor
y respiran como una colmena.

Te estoy contando una historia preciosa.
Sigue leyendo, por favor.

No merece mi consideración
quien quiso rebanarme en el mesado de una carnicería
y exponer mis vísceras en un escaparate.

Tantas cabezas rapadas en picado hacia la fiebre
las cubriría con el paño de un altar
y que se ahoguen en la culpa.

Saco un diamante y BAM
nace una luz cegadora,
un hongo gigante y precioso.

Por debajo de la puerta asoman patas con ventosas
empieza a escarbar,
no pierdas un segundo
haz para mí un agujero con las paredes catódicas,
un túnel perfecto.

Quiero ver osos polares,
naves espaciales,
un cometa con la cola brillante.

Corre ahora,
las cigarras rompen sus gargantas
y ahí arriba se libra una guerra que no comprendo.

Quieren arrebatarme, amor,
quieren arrebatarme y mueven las manos llamando a
[la desolación,
extírpame este frío de un improperio,
no pares de correr.
¿Ese camino de ahí es la tristeza?
Si mueves la cabeza fabricas espejismos.

Tráeme de ese lugar que tú conoces
unos ojos de cielo y un universo atrapado en una casa,
pero feliz.

La soledad es estar atrapada
dentro de este tarro;
el vidrio de las paredes deforma los objetos.

Me abrazo en posición fetal,
me imagino de regreso al útero.

Así es como atrapábamos las abejas
y los grillos
permanecían horas en ese observatorio,
respirando hasta la asfixia,

ahora me arrepiento,
no sé cómo romper estas paredes.

¿Hay alguien ahí?
¿Puedes oírme?

Donde yo veo un río de perseidas
volando a la velocidad de los salmones
tú solo ves H_2O.

Abrazo la Vía Láctea y corro.

Si muto
necesito ser centáuride y cortar el viento,
hacer papiroflexia con las plumas de un paraíso,
desovar estrellas en el extremo de esta selva
con tu aliento irracional suplicando:
para, por favor,
para.

Más rápido:
un kodama vuelve la cabeza desde una haya,
alguien cabalga sobre un bisonte,
hay polillas bailando a estas horas;
tu furia tiene las horas contadas.

Todo te parece inoportuno,
insultante,

fuera de lugar
estás en crisis y no lo sabes

tanta herejía y ahora,
en la calma de esta sombra
donde se intuyen criaturas misteriosas,
descanso a salvo de ti.

La vida también es de quien ya no está,
de quien quiso marcharse,
de aquellos que hubo que extirpar.

Los expulsados habitan un terrario blindado,
en ocasiones hacen brillar sus élitros,
bailan o inventan cosas que no suceden;
deciden palpitar.

Abre una ventana y oblígalos a la caída
mira cómo vuelan
son esporas,
dientes de león haciendo paracaidismo desde un
[séptimo;
que mires cómo vuelan.

Horas de descenso y rebotan en la cabeza de una
[mujer
con las bolsas amarradas a los brazos como cadenas.

Tanto arrastrarse no puede ser cierto,
ahí fuera no hay gravedad;
que la noche los acoja,
amén.

Podría pronunciar en voz alta
cada nombre de cada liquen amarrado a este bosque,
cada depredador acechando en esta selva,
cada aberración.

Podría delatar las guaridas donde se esconden los seres
[vivos
que tienen miedo de vosotros
y jurar que no me importa que arraséis con todo,
que las queméis o las devoréis con vuestra furia
[caníbal
como Saturno devorando a su hijo.

Podría contribuir a la aniquilación
y las tripas volarían como insectos de confeti
en una fiesta preparada con semanas de antelación,
pienso algunas veces que quizás así
empezaríais a respetarme.

Vuestra tribu destruye todo lo que brilla,
tenéis la casa en un pantano,

en el dintel un *demogorgon*,
en la boca la guillotina.

Podría llamar a vuestra puerta y suplicar asilo
toc-toc: ¿es aquí donde reventáis los libros
que no son vuestros?

Podría agachar la cabeza y decir amén
y fingir ser frágil, y fingir ser brisa,
y fingir ser vosotros
podría, pero no.

Cada invierno entraba el viento por debajo de la
[puerta,
mi madre era cierva o bengala,
fuera estaban los cazadores,
en el fuego ardía una olla.

Tengo espinas y guardo dentro un cementerio.
¿Y si consiguen entrar por debajo de la puerta, como
[el viento?
¿Y si cumplen con la profecía y me llevan a ese lugar
[maldito?

Escucha con atención, rugen como el octavo pasajero
en el rostro de Ripley.

Tengo puntas y una promesa de futuro sobre un
[sepulcro:
harás volar toda esa ceniza,
vomitarás la plaga de langostas,
un día serás el rayo que precede al frío
y crearás figuras de luz ahí arriba.

¿Y si consiguen entrar?
Dime qué haré entonces,
¿cómo se agarra la cordura?,
¿cómo se pronuncia la palabra lúcida?,
¿cómo se exilia el trauma?

Tengo astillas,
un diario de clavos,
un aguijón en cada espora,
fuera braman las bestias.

La leche de cierva
es el único lugar reparador que existe en la infancia.

interludio II

Sueño con cristales rotos y lo primero que vi hoy al
[despertarme
fue una luz vacilante que me hizo pensar en un
[sanatorio. Ya está bien.
Apaga esta noche, por favor. Abórtala.

El lenguaje de la tensión es universal y carece de
[alfabeto,
no existen las palabras,
tan solo una violencia que repta con cadencia bífida,
vibra con nervio aunque sea un atardecer de campos
[dorados
y las cigarras fabriquen melodías de agosto, maíz y
[pan.

Las flores piden clemencia
mientras un cortacésped secciona cabezas, patas,
[antenas, corazones;
un festín de vísceras que serán abono o tatuaje de
[una suela de goma.

El lenguaje de la tensión compromete el paisaje.
Está en la furia que levanta la tierra y gira un
[tornado,
en los cables del tendido eléctrico.
Está en los pelos de punta, en el ladrido de los perros.

Algo doloroso continúa retorciéndose aquí dentro,
¿cómo acabar con esta demencia?
Quizás sea el momento de aullar
como una loba que protege la camada,
pero sin sangre.

Quería ponerle un nombre a este precipicio,
que mi vientre fuese una fortaleza,
romper el pacto y deshacer la nieve.

Las sombras que habitan en esta parte del mundo
desterraron la piedad.

–Cómeme el corazón –suplicas.
Yo contesto que la última vez estaba segura de querer
y mira ahora este coágulo del tamaño de una mentira
creciendo hasta reventar.

Todas las esporas que flotan son el dolor
[descomponiéndose,
volarán de cuerpo en cuerpo con vocación de virus.

No era mi intención contagiar tanta esquizofrenia,
solo quería encender una luz
y desperté el monstruo de la Isla de los Albores,
¿acaso no ves todos esos brazos rojos que nacen de la
[tierra?

Si existe un río donde poder abandonar la ropa,
redúceme a escamas.
Si existe el privilegio de ser junco,
dóblame sobre mí.

Y cuando el viento sople
aplaudirán los espíritus del otro lado
recibiendo un nuevo huésped.

Siempre estaba negociando con los árboles

no existía la soledad:
el bosque es una mente colectiva y si tiembla un
[espíritu
asumes su miedo como propio,
te abrigas con el humus y aprendes a sobrevivir.

Ese verdor precioso son milenios de estupor,
identificaba aquellas horas como un privilegio
cuando la realidad es que me cercaba un lago de ácido
y si corría hacia el musgo era para meter la cabeza
[en Ultraluz,
huía hacia una colmena para sacrificarme.
¿No me crees?

Ese verdor terrible, cobijo de hematomas,
exhalaba niebla hasta quedarse en carne viva.

Pasaba las páginas de aquellos mundos ignorando lo
[más importante:

estaba plantando estrellas,
estaba plantando estrellas
y por eso ahora tengo más de veinte hijas,
¿no me crees?

Cruza la puerta de mi casa si puedes,
hay un círculo de sal, agua bendita y una cruz;
si consigues cruzar
bienvenida seas tú y tú y tú ytuytuytú.

interludio III

Si me agarras el corazón abro la caja de música,
te llevo a Ultraluz
solo a ti, solamente a ti.
Allí dentro los faunos tienen prohibido murmurar
[pesadillas,
ponme la mano sobre el vientre y espera un milagro.

Una casa inmóvil es un corazón en una ratonera.

Son las cinco de la noche y esta casa es un páramo

sé que cuando leas esto vas a sentir que trepano tu
[hipotálamo
pero ahora no estás aquí para cazar murciélagos,
así que destruyo versos,
rompo todo lo que tiene relación con el amor,
fabrico una industria de sombras.

¿Cómo se domestican las bestias?
Son las cinco de la noche y hay una mujer
[derramándose en una isla,
se está cometiendo un homicidio en el cielo y nadie
[acude,
¿acaso no importan estas muertes?

tal vez no te guste lo que ves,
todas esas marcas son metralla
y hay restos de varias guerras con purpurina y
[estrellas pintadas,
nada que no se pueda cubrir con un paño de luto.

Olvidaremos que todo esto sigue ahí y conviviremos
[con los espíritus,
tan solo serán apariciones espontáneas,
fantasmas hermosos que tragan monedas.

Existe algo insólito en el modo en que pronuncias *luz*
[de gas,
¿todavía puedes recordar mi nombre?
Observa este desastre,
le he plantado fuego a todo excepto a ti.

Por momentos olvido que fui convocada
para tocar instrumentos preciosos.

Son las cinco de la noche,
sin ti esta casa es un caballo sin alas.

Ahora somos de cristal porque resucitar no era tan
[sencillo.
Si nos convertimos en fantasmas de arena,
¿por qué puedo ver la aurora a través de ti?
Hay serpentinas y un animal encogido que tiembla,
el mapa de tus arterias es un bosque,
en ese estanque entre las costillas podría anidar un
[nenúfar
y dar a luz una criatura preciosa e inmortal.

En cada flor hay un mundo diminuto,
dime que tú también puedes verlo.

La belleza debería ser incompatible con la fragilidad,
veo cómo resplandeces
y no entiendo las palabras que tienen que ver con el
[castigo.

Cuando respiras
germina un rastro de carpas doradas,
el patrón de la seda dibujando espigas y soles.

Hay algo boreal en todo esto,
Si un soplador de vidrio fabricase con nosotros una
[figura
sería un dragón blanco
plantando una escama en cada vértice de Orión,
un dragón blanco congelado en la estepa,
un dragón blanco
serpenteando por tus venas como un río.
Y en la orilla,
tantas luces como lágrimas.

Este silencio es el sueño criogénico de la *Nostromo:*
una calma falsa.

No deberías fiarte de las escenas naíf,
detrás de ese tabique está respirando el octavo
[pasajero.
¿No oyes cómo ruge?
Concéntrate, ese calor no es natural,
presiento su saliva deslizándose desde el cielo.

Va a inocular todas sus hijas en cada vientre
y tú sigues pensando que es imposible un final tan
[apocalíptico,
que soy yo la psicópata,
que esta paz merece un altar.

Esta es la herejía,
¿percibes el frío?

El crepúsculo es una estación espacial,
¿crees que toda esa lava que se derrama aquí delante
[forma parte de la herida?
Algo tan precioso no debería tener la textura del
[infierno.

Me estremezco pero no sonrío,
no me atrevo y presiento que ese magma
nos puede quemar de felicidad.

No deberíamos tragarnos las cenizas,
si anidan brotarán sombras,
así que no digas nada.

La brisa nos licua por dentro,
ese derretirnos entre líneas
es incompatible con la velocidad de la Tierra
y si nacimos para ver esto juntos
alguien tenía que habernos avisado
cuánto puede doler algo tan precioso.

Quiero abrazarte con polvo de astronauta
¿ves cómo quema ahora?
Este deshabitarse por dentro es como vaciar una casa,
ese día perfecto en el que nace en la arena una flor
[azulísima.

Canta un alce en este incendio
y una roca se abre al medio para mostrar un corazón
y el mar mastica constelaciones en la arena.

Que no se vaya,
que no se vaya nunca este horizonte.

Y si un pájaro pide misericordia con las patas contra
[el sol
levitamos en oblicuo,

es tan dulce y radical este instante
que está condenado a durar segundos.

Allí donde termina el mundo
mordemos las costuras para ser libres.

Lo que queda después del deshielo
es un catálogo de rarezas que respiran.

Ahí está el asombro,
crisálidas congeladas durante milenios
o un álbum de falsos cadáveres.

La glaciación era inmisericorde
y mira ahora cómo flotan los vapores,
mira los barcos resucitando.

«Conozco el lugar donde fabrican el hielo», confiesas.
Dicen que están apareciendo mamuts en el permafrost,
no sé si respiran
(susurrar): qué miedo pensarlo.

Evitas preguntar por el asesino dorado
pero buscas una solución en Siberia.

Una garza rompe el mar con un roce suavísimo
y provoca la belleza,

cuando bailan los animales de patas negras
el mundo queda suspendido.

Sería bonito abrigarse en ese instante,
si logras atraparlo yo lo quiero vivo,
dentro de una caja de cristal.

«Pero el hielo», insistes.
Y yo quiero que entiendas que cuando sucede algo
[precioso
no importan las catástrofes que se libran en los
[márgenes,
ni siquiera existen.

Tan solo ese acontecimiento único,
ese dejarse flotar en los brazos de la belleza.

episodio final

Tiré de la infancia hasta arrancarle la piel a tiras. Solo quería desnudarla, dejarla en ropa interior, peinarle las entrañas y luego condenarla a muerte.

La insulté cien veces cuando yo vendía el dobladillo de mi falda, regalaba los volantes de encaje y exponía los monstruos en un museo con entrada gratis.

Vi el cemento pariendo, las flores reventando en las grietas, la vieja casa donde la bisabuela construía puertas del tamaño de sus caderas. Los jarabes, los tarros de boticario, las tarteras con remaches, el acordeón sin dientes.

Pasé todas las escenas en un cinexin que hervía con embustes de cafetera contra las paredes enfermas de lepra, hasta que toda la vida salió por fuera. La negué mientras se desangraba en el empedrado, sobre la rayuela.

Pero si hay algo incorruptible es ese sendero libre, esa casa con el desván en llamas, esa huerta a corazón abierto que me acoge siempre que necesito volver.

ÍNDICE

Interludio II

Interludio III

Episodio final

AGRADECIMIENTOS

Los libros son volubles. Se transforman con la vida y la ficción se filtra como agua entre las grietas hasta la herida. Ahí anida, engorda, se perpetúa unas veces, se desvanece otras. Lo más triste es el olvido.

Yo no quiero olvidar que una tarde, en casa de Amaro Ferreiro, Hematocrítico sugirió que era importante que este libro tuviese una dimensión escénica. No quiero olvidar cómo a raíz de esto convertimos *Ultraluz* en un lugar, cómo conseguimos que estos versos fuesen brazos de luz en un escenario donde las palabras cayeron al suelo como dientes de leche y toda la música que envolvió ese micromundo. Mi agradecimiento es para Amaro Ferreiro, Sergio M. Puga y David Borrás, que hicieron magia para que este libro tuviese tantas vidas como un caleidoscopio y se convirtiese en un disco y en un espectáculo tan brillante y tan doloroso como la propia vida.

Si quieres escuchar el disco, puedes hacerlo aquí: